Petits pieds qui puent

Dorothée Roy

Illustrations : Marc Mongeau

Directrice de collection : Denise Gaouette

Rat de bibliothèque

Données de catalogage avant publication (Canada)

Roy, Dorothée

  Petits pieds qui puent

  (Rat de bibliothèque. Série verte ; 8)
  Pour enfants de 7- 8 ans.

  ISBN 978-2-7613-1756-6

  1. Mongeau, Marc. II. Titre. III. Collection : Rat de bibliothèque (Saint-Laurent, Québec).
  Série verte ; 8.

PS8585.0898P47 2005   jC843'.54   C2004-942161-1
PS9585.0898P47 2005

Dépôt légal : 2ᵉ trimestre 2005
Bibliothèque nationale du Québec
Bibliothèque nationale du Canada

IMPRIMÉ AU CANADA   67890   EMP   17 16 15 14
                                                     10678   CM16

Thio est un garçon gentil et souriant.
Mais il a un GROS problème.
Quand ses pieds sortent de ses chaussures,
c'est la catastrophe. L'odeur est très forte.
Tous les cheveux se dressent sur les têtes.
Alors, Thio rougit jusqu'aux oreilles.
Il cache vite ses orteils.

À l'école, Thio essaie d'écrire une histoire.
Soudain, les orteils de son pied droit piquent.
Thio se tortille, se frotte les pieds
et les frappe l'un contre l'autre.
Rien à faire ! Les orteils piquent toujours.
Thio enlève son espadrille
pour se gratter les orteils.

Quel malheur! Tous les cheveux des élèves
se dressent sur leur tête.
Même madame Lachance a les cheveux
dressés sur la tête.
Tout le monde regarde Thio avec des grands yeux.

— Thio ! Thio ! Cache vite
  ton petit pied qui pue,
  s'écrie madame Lachance.
Thio reprend son espadrille
et rougit jusqu'aux oreilles.
Il cache vite ses orteils.
Il enfouit son nez dans son cahier
et se remet à écrire son histoire.

Chez ses grands-parents, Thio enlève
ses espadrilles pour ne pas salir le tapis.
Quel malheur ! Les cheveux de son grand-papa
et de sa grand-maman se dressent sur leur tête.
Même la chatte Vadrouille a le poil dressé sur le dos.

— Thio ! Thio ! Cache vite
tes petits pieds qui puent,
s'écrie le grand-papa.
Thio reprend ses espadrilles
et rougit jusqu'aux oreilles.
Il cache vite ses orteils.
Le grand-papa et la grand-maman se recoiffent.
Vadrouille lisse son poil à grands coups de langue.

À l'heure du repas, Thio balance ses jambes
en dégustant son dessert favori.
Soudain, une de ses espadrilles sort de son pied.
Quel malheur ! Les cheveux de son papa, de sa maman
et de sa petite soeur se dressent sur leur tête.
Même la perruche Arachide a les plumes
dressées sur le dos.

9

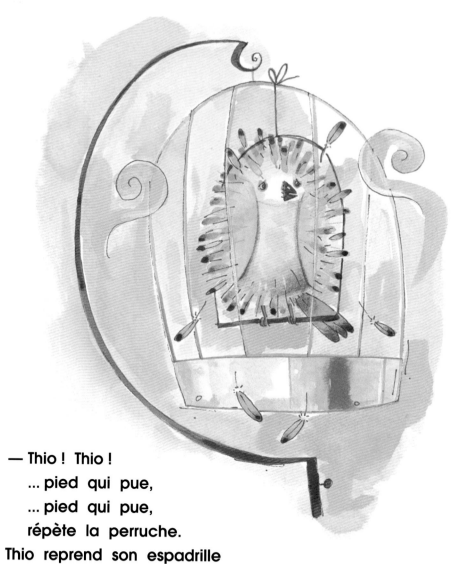

— Thio ! Thio !
   ... pied qui pue,
   ... pied qui pue,
   répète la perruche.
Thio reprend son espadrille
et rougit jusqu'aux oreilles.
Il cache vite ses orteils.
Tout le monde se remet à manger, sauf Arachide.
La perruche n'arrive pas à lisser ses plumes.

Quel problème !
Heureusement, Thio peut parfois enlever
ses espadrilles sans rougir jusqu'aux oreilles.

À l'heure du bain, Thio plonge vite
ses petits pieds qui puent
dans l'eau savonneuse.
Aussitôt, ses petits pieds qui puent
se transforment en petits pieds parfumés.
Quel bonheur ! Thio peut se promener pieds nus
sans faire dresser un seul cheveu sur les têtes.

Chez le marchand de chaussures,
Thio enlève ses vieilles espadrilles
et les cheveux se dressent sur les têtes.
Mais Thio ne rougit pas.
Il glisse ses petits pieds dans des espadrilles neuves.
Les petits pieds qui puent ne puent plus
pendant plusieurs semaines.

Thio joue dans sa chambre avec ses amis.
Ses amis enlèvent leurs souliers.
Les cheveux se dressent sur les têtes.
Même les animaux en peluche ont le poil
dressé sur le dos.
Thio fait une GROSSE découverte.
Il n'est pas seul à avoir des petits pieds qui puent.

— Cachez vite
    vos petits pieds qui puent,
    dit Thio en souriant.
Tout à coup, un bruit étrange sort du salon.
Curieux, Thio va voir ce qui se passe.
Thio fait une autre GROSSE découverte.

Son papa ronfle dans son fauteuil.

Son journal est sur ses genoux.

Ses souliers sont à côté du fauteuil.

Et le chien Picasso a le poil dressé sur le dos.

Thio rit tellement fort

qu'il rougit jusqu'aux oreilles.

— Bienvenue dans le club

des petits pieds qui puent !